# AAA y FreeRADIUS

Por *Guillermo Marqués*

# *Índice*

En este libro vamos a investigar un poco sobre AAA y como interactúa en algunos casos con un servidor RADIUS externo. También veremos como instalar nuestro servidor RADIUS y configurarle para que nos dé una serie de servicios.

# AAA

Las siglas AAA significan Authenticating, Accessing, Accounting. ¿Qué significa esto? Y ¿Para qué sirve? Bien, AAA es el medio por el cual podemos controlar quien accede a nuestra red, con que permisos y además hacer un seguimiento de sus accesos y recursos consumidos. En este libro solo vamos a probar el funcionamiento de algunos de sus aspectos en routers Cisco.

Para activar AAA en nuestro router tenemos que entrar en el prompt de configuración y teclear *aaa new-model*. Tened cuidado, porque en el instante de activar AAA se pone en funcionamiento en todos los puertos de control, excepto en la línea de consola, y podríamos perder el acceso a nuestro router. Para evitar esto, es recomendable crear un usuario con privilegios de administrador en nuestra base de datos local antes de activarlo. Esto lo hacemos con *username [nombre] password[clave]*.

### Authentication

Ahora vamos a crear las listas de autenticación. En ellas especificamos el tipo de autenticación, quién la usa y por qué método de autenticación se va a proceder. El aspecto de la línea de configuración es el siguiente: *aaa authentication [tipo] [lista_autenticación] [método1] [método2]*. Entre los tipos de autenticación existentes podemos usar *login*, *enable* y *ppp*. El tipo *login* es el método básico de autenticación de usuarios que quieran acceder a la shell del router u otro tipo de servicio. Simplemente se comprueba que dicho usuario consta en nuestra base de datos y que conoce su password. Usamos el tipo *enable* para dar privilegios de enable a los usuarios que se logueen mediante ese método. Por último el tipo *PPP* lo usaremos para autenticar a usuarios (o routers) que quieran conectarse mediante PPP.

La lista de autenticación es una manera que tenemos para elegir donde se aplicará este tipo de autenticación, es decir, podríamos usar un tipo de autenticación específico para los usuarios que se logueen por consola y otro para los que lo hagan desde una vty. Existe una lista pre-creada y llamada *default* que por defecto se aplica automáticamente en todos los interfaces en los que no se haya especificado explícitamente una lista diferente. A excepción de esta lista *default*, el resto de listas tenemos que crearlas y aplicarlas manualmente.

Por último el método es la forma que usaremos para llevar a cabo la autenticación de los usuarios de esa lista en cuestión. Entre los diversos métodos podemos seleccionar *local*, que usará la base de datos local del router para autenticar a los usuarios, group *radius*, que usa un servidor RADIUS externo para autenticar a esos usuarios o *enable*, que requerirá que esos usuarios introduzcan las password de enable para poder loguearse. Podemos especificar más de un método de autenticación para que, en el caso de que falle el primer método, se intente autenticar al usuario mediante el segundo.

Estos son ejemplos de listas de autenticación:

*aaa authentication login default group radius local*: Autentica a usuarios que quieran loguearse mediante un servidor RADIUS. En caso de fallar la comunicación con este, se usará la base de datos local. Debido a que se usa la lista *default*, no es necesario incluir la lista en el interface donde se quiere aplicar para que entre en funcionamiento.

*aaa authentication ppp default group radius local*: Autentica a usuarios que se conectan mediante PPP usando un servidor RADIUS. En caso de fallar la comunicación con este, se usará la base de datos local. Debido a que se usa la lista *default*, no es necesario incluir la lista en el interface donde se quiere aplicar para que entre en funcionamiento.

*aaa authentication login usuarios_list local*: Autentica usuarios usando la base de datos local. Debido a que no es la lista *default*, necesitamos aplicarla en un interface para que surja efecto. Por ejemplo, podríamos aplicarla en el vty para que se usara con los usuarios que se logueen mediante telnet. En este caso, necesitaríamos entrar en el prompt de configuración del vty en cuestión y añadir esta línea de configuración: *login authentication usuarios_list*.

## *Authorization*

Hasta ahora hemos gestionado el acceso de los usuarios a nuestro router o red, esto sería la primera "A" (Authentication) de AAA, el ¿Quién accede? Ahora vamos a empezar con la segunda "A" (Authorization), que se centra en los privilegios de esos usuarios que se conectan a dicha red o router. La metodología de funcionamiento es muy similar, se crean listas, esta vez de autorización, y se especifica el tipo de autorización y el método. *aaa authorization [tipo] [lista_autorización] [método1] [método2]* es el comando que usamos para crear una lista de autorización. Dentro de los posibles tipos de autorización podemos elegir entre *console*, *exec* y *network*. El tipo *console* lo usamos para activar los privilegios de los usuarios que se conectan mediante la consola. El tipo *exec* lo usamos en el caso de que esos usuarios se conecten mediante un vty. Estos privilegios, de los que hasta ahora estoy hablando, son relativos al control del router mediante su línea de comandos. Por último, el tipo network se usa para activar esos privilegios de usuarios que se conectan a la red, normalmente mediante PPP u otros métodos. Teniendo la lista de autenticación configurada, nuestros clientes podían loguearse dentro de la red, o acceder al router siempre que su usuario estuviera dado de alta en la base de datos (local o RADIUS), pero si uno de esos usuarios tenia privilegios de súper usuario, o necesitaba adquirir una dirección IP específica al conectarse a la red, no recibiría esos privilegios o aspectos especiales relativos a su usuario. Para que eso suceda necesitamos crear la lista de autorización que es como el router concede el uso de esos privilegios a esos usuarios que los poseen. Estos son unos ejemplos de listas de autorización:

*aaa authorization exec default group radius local*: Lista de autorización que concederá privilegios a los usuarios que se conecten al shell del router mediante una línea virtual (vty). Es la lista *default*, por lo tanto se aplicará a todos aquellos interfaces que no formen parte de una lista de autorización específica. Primeo se tratará de autorizar a esos usuarios mediante un servidor RADIUS y en caso de fallo se procederá usando la base de datos de usuarios local del router.

*aaa authorization network default group radius local if-authenticated*: Lista de autorización que concederá privilegios a los usuarios que se conecten a la red. Es la lista *default*, por lo tanto se aplicará a todas aquellas conexiones que no formen parte de una lista de autorización específica. Primeo se tratará de autorizar a esos usuarios mediante un servidor RADIUS y en caso de fallo se procederá usando la base de datos de usuarios local del router. Al final hemos añadido el parámetro *if-authenticated*, que hace que solo se proceda a la autorización si previamente el usuario ha sido autenticado.

## *Accounting*

La última "A" significa *accounting*, que consiste en llevar un registro sobre los recursos que consumen esos usuarios que acceden a la red, o que se conectan a la shell del router, por ejemplo. Dentro de estos registros podemos ver a qué hora accedieron, cuanta información transmitieron, como se conectaron, etc...

Al igual que en la autenticación y en la autorización, en accounting tenemos que crear unas listas que tienen la misma estructura, donde especificaremos el tipo, la lista a usar y el método por el cual se lleva a cabo la autorización. Esta es su estructura: *aaa accounting [tipo_accounting] [lista_accounting] [tipo_registro] [método1] [método2]*. La única diferencia que podemos observar con respecto a las listas anteriores es que, en el caso de *accounting*, tenemos un nuevo parámetro, el tipo de registro. El router tiene la posibilidad de crear un registro cuando un usuario inicia sesión en la red y/o cuando este cierra la sesión, en este parámetro *tipo_resgistro* podemos hacer que el router grabe ese registro con cada inicio y fin de sesión dándole el valor *start-stop* o sólo cuando el usuario cierra la sesión. Para esto último el parámetro sería *stop-only*. Al igual que en los anteriores casos, si utilizamos la lista *default*, esta será aplicada automáticamente en todos los interfaces que no formen parte de otra lista de accounting. Estos son unos ejemplos de listas de accounting:

*aaa accounting exec default start-stop group radius*: Crea registros relativos al inicio de sesión en la shell del router cuando los usuarios inician y cierran la sesión. Estos registros se crean en un servidor RADIUS

*aaa accounting network default start-stop group radius*: Crea registros relativos a la conexión de usuarios a la red mediante PPP. Estos registros son creados con cada conexión y desconexión del usuario y son guardados en un servidor RADIUS

*aaa accounting resource default stop-only group radius*: Crea un registro completo con el cierre de sesión de usuarios en la red.

Los registros que se crean tienen este aspecto:

1.- En el siguiente registro vemos como el usuario "pruebas" se ha conectado a la red usando PPP.

*Mon Mar 16 12:45:21 2015*
  *Acct-Session-Id = "00000009"*
  *Tunnel-Medium-Type:0 = IPv4*
  *Tunnel-Server-Endpoint:0 = "192.168.3.4"*
  *Tunnel-Client-Endpoint:0 = "192.168.3.7"*
  *Tunnel-Assignment-Id:0 = "prueba"*
  *Framed-Protocol = PPP*
  *User-Name = "pruebas"*
  *Acct-Authentic = RADIUS*
  *Acct-Status-Type = Start*
  *NAS-Port-Type = Virtual*
  *NAS-Port = 4*
  *NAS-Port-Id = "Uniq-Sess-ID4"*
  *Service-Type = Framed-User*
  *NAS-IP-Address = 192.168.3.4*
  *Acct-Delay-Time = 0*
  *Acct-Unique-Session-Id = "90a6887dbaf7f050"*
  *Timestamp = 1426506321*

2.- Este registro pertenece al cierre de sesión del usuario "pruebas". Ha estado conectado 31 segundos; ha recibido 7216 bytes y enviado 410 bytes.

*Mon Mar 16 12:45:52 2015*
    *Acct-Session-Id = "00000009"*
    *Tunnel-Medium-Type:0 = IPv4*
    *Tunnel-Server-Endpoint:0 = "192.168.3.4"*
    *Tunnel-Client-Endpoint:0 = "192.168.3.7"*
    *Tunnel-Assignment-Id:0 = "prueba"*
    *Framed-Protocol = PPP*
    *Framed-Route = "192.168.99.0 255.255.255.0"*
    *Framed-IP-Address = 192.168.99.9*
    *User-Name = "pruebas"*
    *Acct-Authentic = RADIUS*
    *Acct-Session-Time = 31*
    *Acct-Input-Octets = 7216*
    *Acct-Output-Octets = 410*
    *Acct-Input-Packets = 78*
    *Acct-Output-Packets = 13*
    *Acct-Terminate-Cause = User-Request*
    *Acct-Status-Type = Stop*
    *NAS-Port-Type = Virtual*
    *NAS-Port = 4*
    *NAS-Port-Id = "Uniq-Sess-ID4"*
    *Service-Type = Framed-User*
    *NAS-IP-Address = 192.168.3.4*
    *Acct-Delay-Time = 0*
    *Acct-Unique-Session-Id = "90a6887dbaf7f050"*
    *Timestamp = 1426506352*

3.- Este registro corresponde al cierre de la consola del usuario "guiller". La sesión fue cerrada por inactividad; se conectó al router con IP 192.168.3.4 mediante el tty6; estuvo conectado 807 segundos.

*Mon Mar 16 12:52:53 2015*
    *Acct-Session-Id = "00000006"*
    *User-Name = "guiller"*
    *Acct-Authentic = Local*
    *Acct-Terminate-Cause = Idle-Timeout*
    *Acct-Session-Time = 807*

*Acct-Status-Type = Stop*
*NAS-Port = 6*
*NAS-Port-Id = "tty6"*
*NAS-Port-Type = Virtual*
*Calling-Station-Id = "192.168.3.7"*
*Service-Type = NAS-Prompt-User*
*NAS-IP-Address = 192.168.3.4*
*Acct-Delay-Time = 14*
*Acct-Unique-Session-Id = "e86f60c317607ca2"*
*Timestamp = 1426506773*

### Acceso a RADIUS

Para que nuestro router pueda usar un servidor RADIUS externo, necesitamos crear un acceso a él en el que especifiquemos sus credenciales como cliente del servidor RADIUS. Para ello usamos la siguiente línea de configuración: *radius-server host [IP_RADIUS] auth-port [puerto_autorización] acct-port [puerto_accounting] key [password]*. En los parámetros le pasamos la dirección IP del servidor RADIUS, los puertos por los que escucha para autenticar usuarios y para guardar los registros de accounting y una clave. Esta clave la usa para cifrar la comunicación con el servidor RADIUS y tiene que coincidir con la clave que se ha configurado en el servidor RADIUS para ese cliente NAS (el router), en caso de no coincidir, recibirá una información inteligible y por lo tanto fallará la autenticación. Los puertos que se usan en la actualidad son 1812 para autenticación y 1813 para accounting.

# FreeRADIUS

En esta sección vamos a descargar, instalar y configurar un servidor RADIUS para que funcione autenticando y registrando a usuarios que se conectan a la consola del router, que acceden a la red mediante PPP y mediante el cliente Cisco de VPN IPsec. En este laboratorio vamos a usar un servidor RADIUS gratuito que corre sobre Linux Raspbian, este es FreeRADIUS.

El primer paso que hay que hacer es loguearse en nuestro Raspbian como administrador (root) y actualizar el sistema. *apt-get update*. Posteriormente podemos proceder a la descarga del servidor con el comando *apt-get install freeradius*. Después de terminar la instalación tendremos el programa instalado en la carpeta /etc/freeradius/ y es ahí donde encontraremos los archivos que deberemos modificar para configurarle a nuestro gusto. Al terminar la instalación el servicio de RADIUS se arranca automáticamente, si queremos pararle necesitamos usar el comando *service freeradius stop*, para arrancarle de nuevo usaremos *servide feeradius start*. Si queremos arrancarle en modo debug, tecleamos *freeradius –X*, así podremos ver el proceso de arranque y de autenticación de usuarios en tiempo real.

Un servidor RADIUS no sólo se encarga de guardar una base de datos de los usuarios, el servidor RADIUS es el encargado de realizar el proceso de autenticación en lugar del NAS (el router en nuestro caso), es decir, que si el cliente va a usar PAP o CHAP para autenticarse, el servidor RADIUS también tiene que usarlo, porque el usuario se autenticará contra el servidor RADIUS en lugar de hacerlo contra el router. Posteriormente RADIUS le devolverá al NAS el resultado que podrá ser usuario aceptado o usuario rechazado. Además de informar al router de si el usuario es válido o no, el servidor RADIUS le devuelve al router información relativa a ese usuario que se ha logueado, esta información puede ser un grupo al que el usuario pertenece, una dirección IP que tiene que serle asignada, una ruta que ha de ser instalada, etc....

Ahora vamos a configurar el router (NAS) como cliente del servidor FreeRADIUS, para ello editamos el archivo *clients.conf* con el comando *nano /etc/freeradius/clients.conf* (antes de editarlo es recomendable hacer una copia de seguridad de este y todos los archivos que vayamos a modificar) y añadimos al final del archivo las siguientes líneas:

*#Mis Clientes*
*client [IP_NAS] {*
    *secret = [password]*
    *shortname = [nobre]*
    *nastype = cisco*
*}*

Donde la IP_NAS es la IP del router y el "secret" es la key que hemos configurado en el router. Después de este paso el router ya es cliente oficial de FreeRADIUS.

Ahora vamos a crear a los usuarios que podrán acceder a la red o a la shell del router. Esto se hace añadiéndoles al principio (¡OJO! Muy importante que se añadan al principio del archivo, porque sino no funcionará) del archivo /etc/freeradius/users . La forma en que tenemos que añadirles es la siguiente:

*#Mis usuarios*

*#usuario Guiller*
 *[nombre_usuario] Cleartext-Password := [password]*
 *[atributo1], [atributo2]*

Los atributos son el resto de información que el servidor RADIUS pasa al router en el momento en el que autentica con resultado satisfactorio a un cliente. Hay infinidad de ellas y veremos un par en las siguientes pruebas de laboratorio.

Podemos usar FreeRADIUS como servidor de accounting, en caso de que lo hagamos guardará los diarios dentro de la ruta *mediante telnet* */var/log/freeradius/radacct/*. Dentro de esa ruta creará una carpeta con la IP de cada NAS por nombre, y dentro de ella guardará los registros creados.

## *Prueba 1: Acceso a la Shell del router*

En esta prueba vamos a crear dos usuarios en nuestro RADIUS. Uno de ellos adquirirá permisos de administrador al conectarse mediante telnet y el otro accederá simplemente como usuario básico.

**1.- Esta sería la configuración del router:**

Building configuration...

Current configuration : 1525 bytes
!
version 12.4
service timestamps debug datetime msec
service timestamps log datetime msec
no service password-encryption
!
Damos nombre al router
hostname Libro5
!
enable password ciscoenable
!
Activamos AAA
aaa new-model
!
Creamos una lista de autenticación para que los usuarios puedan loguearse contra un servidor RADIUS. En caso de fallar se usará la base de datos local.
aaa authentication login default group radius local
Esta es la lista de autorización para que el usuario con privilegios de administrador pueda adquirirlos al loguearse.
aaa authorization exec default group radius local
!

```
aaa session-id common
ip cef
!
```
Damos nombre al dominio. Esto básicamente lo hacemos para poder crear la llave RSA.
```
ip domain name casa
!
```
Creamos un usuario en la base de datos para evitar perder el control al activar AAA o en caso de que falle el servicio RADIUS.
```
username guiller privilege 15 password 0 cisco
!
ip ssh version 2
!
interface FastEthernet0/0
 ip address 192.168.3.4 255.255.255.0
 speed auto
!
no ip http server
no ip http secure-server
!
```
Añadimos el servidor RADIUS a la configuración. Usamos los puertos 1812 y 1813 que son por los que escucha FreeRADIUS las autenticaciones y el accounting respectivamente.
```
radius-server host 192.168.3.3 auth-port 1812 acct-port 1813 key pruebaradius
!
line con 0
line vty 0 4
```
Esta password la usaban los clientes para acceder por telnet al router. Una vez activado AAA esta password ya no se usa más. En su lugar se usa el servidor RADIUS o la base de datos local del router.
```
 password ciscoline
!
end
```

**2.- Esta sería la configuración del archivo clients.conf:**

```
client 192.168.3.4 {
    secret = pruebaradius
    shortname = Pruebas
    nastype = cisco
}
```

Como se puede observar, hemos configurado la "secret" pruebaradius, que es la misma key que usamos al agregar el servidor RADIUS en la configuración del router Cisco. Esta configuración del archivo de clientes nos es válida para todas las pruebas siguientes, así que no necesitamos editarle más veces durante este laboratorio.

**3.- Esta sería la configuración del archivo users:**

#Mis usuarios
#usuario Guiller
guiller Cleartext-Password := cisco
    Cisco-AVPair = "shell:priv-lvl=15"
#usuario pruebas
pruebas Cleartext-Password := ciscopruebas

En el archivo de usuarios he creado dos usuarios, uno de ellos es "guiller" y el otro es "pruebas". El registro del usuario "pruebas" solo consta de su nombre de usuario y su password, que es "ciscopruebas". Este usuario sería capaz de loguearse como usuario básico. Ahora miremos al usuario "guiller", este usuario también contiene nombre de usuario y contraseña, pero además he añadido un atributo, que al recibirlo el router, autorizará a ese usuario para ser usuario de privilegio 15. Este atributo se le pasa en la variable *Cisco-AVPair,* esta variable es polivalente, dependiendo del servicio contra el que se esté logueando el usuario, el router aceptará unos valores u otros. En caso de contener un valor que el servicio no sabe interpretar, ignora el parámetro. En este caso le damos el valor *Cisco-AVPair = "shell:priv-lvl=15"* que da permisos de usuario de nivel 15. Podemos cambiar el valor "15" por otros si queremos que el usuario tengo menos privilegios.

El resultado final es que, cuando el usuario "guiller" se loguea en el router entra directamente en la shell de enable (Router#), mientras que cuando lo hace el usuario "pruebas" entra en la shell básica (router>)

## *Prueba 2: Acceso a la red mediante PPP*

En el siguiente escenario tenemos dos usuarios que se conectan a la red mediante PPTP. Uno de ellos adquiere una IP de una pool ya configurada en el router al que se conectan. El otro es un usuario especial y es el servidor RADIUS el que le provee de su IP. Además de eso se llevará registro de sus accesos a la red y el tráfico que generan.

**1.- Esta sería la configuración del router:**

Building configuration...

Current configuration : 1525 bytes
!
version 12.4
service timestamps debug datetime msec
service timestamps log datetime msec
no service password-encryption
!
hostname Libro5
!
enable password ciscoenable
!
aaa new-model

Lista de autenticación de usuarios que se acceden a la shell del router
aaa authentication login default group radius local
Lista de autenticación para los clientes que se conectan mediante PPTP
aaa authentication ppp default group radius local
Lista de autorización para los usuarios que se conectan a la shell del router
aaa authorization exec default group radius local
Lista de autorización para los clientes que se conectan mediante PPTP. Gracias a ella pueden adquirir su IP ya sea de una pool o inyectada directamente por el servidor RADIUS
aaa authorization network default group radius local if-authenticated
Lista que guarda registro de los movimientos de los usuarios que se conectan mediante PPTP. Estos registros se guardan en un servidor RADIUS.
aaa accounting network default start-stop group radius
!
aaa session-id common
ip cef
!
ip domain name casa
ip auth-proxy max-nodata-conns 3
ip admission max-nodata-conns 3
Configuracion de PPTP
vpdn enable
!
vpdn-group prueba

```
! Default PPTP VPDN group
 accept-dialin
  protocol pptp
  virtual-template 1
!
username guiller privilege 15 password 0 cisco
!
ip ssh version 2
!
interface Loopback1
 ip address 192.168.99.1 255.255.255.0
!
interface FastEthernet0/0
 ip address 192.168.3.4 255.255.255.0
 speed auto
!
interface Virtual-Template1
 ip unnumbered Loopback1
 ppp authentication chap
!
ip local pool pruebas_pool 192.168.99.10 192.168.99.20
ip forward-protocol nd
!
no ip http server
no ip http secure-server
!
Servidor RADIUS externo
radius-server host 192.168.3.3 auth-port 1812 acct-port 1813 key pruebaradius
!
control-plane
!
line con 0
line aux 0
line vty 0 4
 password ciscoline
!
End
```

**2.- Esta sería la configuración del archivo users:**

#Mis usuarios
#usuario Guiller
guiller Cleartext-Password := cisco
    Cisco-AVPair = "shell:priv-lvl=15"
    Cisco-AVPair += "ip:addr-pool=pruebas_pool"
#usuario pruebas
pruebas Cleartext-Password := ciscopruebas
    Framed-IP-Address = 192.168.99.9,
    Framed-IP-Netmask = 255.255.255.0

El usuario "guiller" es el usuario que adquiere su IP de una pool configurada en el router. Esto lo hacemos dando a la variable *Cisco-AVPair* el valor *ip:addr-pool=pruebas_pool*. En ese parámetro le pasamos el nombre de la pool, que en este caso se llama "pruebas_pool". También se puede ver que la variable *Cisco-AVPair* contiene más de un valor. En el caso de que queramos pasar más de un valor que usaría esa misma variable, debemos añadir otra línea con el parámetro *Cisco-AVpair* pero en lugar de usar el operador "=", usaremos "+=" para añadirle otro valor. En este caso cuando el usuario acceda a la red obtendrá una IP de la pool "pruebas_pool", pero si ese mismo usuario se conecta a la shell del router, obtendría privilegios de usuario de nivel 15. Cuando el servidor RADIUS valida la conexión del usuario "pruebas", además le pasa al router la dirección IP y mascara que ese usuario ha de tener. Esto lo hace mediante los parámetros *Framed-IP-Address* y *Framed-IP-Netmask*.


## *Prueba 3: Acceso a la red mediante cliente software Cisco VPN*

Ahora nuestros usuarios se conectan a un Easy VPN Server usando un cliente software de Cisco. Antes de empezar con la configuración, vamos a analizar cómo se comporta el router cuando usa EzVPN con y sin RADIUS. Al final de la primera fase ISAKMP/IKE se realiza la autenticación de usuarios mediante Xauth y la inyección de la configuración de grupo para el usuario, en esa configuración de grupo el usuario recibe datos como la dirección IP que se le asigna, una ruta para hacer Split-tunneling, nombre de dominio, etc... Cuando no teníamos configurado un servidor RADIUS, el router sacaba esta información de su configuración. Al usar un servidor RADIUS, el router saca la configuración de grupo del servidor RADIUS, por lo tanto, en lugar de configurar los grupos en el router, lo haremos en el servidor RADIUS. Pero, ¿Cómo localiza el router esas configuraciones de grupo? Bien, la respuesta varía dependiendo del tipo de autenticación que se use. Desde la aplicación cliente, en el lado del usuario, podemos elegir entre dos tipos de autenticación: nombre de grupo y password de grupo o certificado de identidad. Si estamos usando la autenticación de grupo, el router lanza una request de autenticación al servidor RADIUS que consta de nombre de usuario "el nombre del grupo" y como password "cisco", el servidor RADIUS tiene que tener creado este particular usuario en su base de datos, y como atributos ha de tener configuradas todas las características de grupo que tendrían que adquirir los usuarios que se conecten a ese grupo (Pool de IP´s, dominio, Split-tunneling...) y además la password real de autenticación de grupo. El servidor RADIUS, al completar satisfactoriamente la autenticación, le devuelve al router un "response accepted" y junto a él toda esa información de grupo. Posteriormente se pasa a la autenticación Xauth de usuario, y nuevamente el router consultará al servidor RADIUS por este usuario que habrá de existir también. Por último, dentro de la configuración de usuario podemos especificar a qué grupo pertenece para que no pueda acceder a otro grupo diferente al suyo.

Cuando usamos la autenticación mediante certificados de identidad, el router recibe el certificado del cliente, y si es válido procede a la autenticación de usuarios mediante Xauth. El router busca ese usuario en cuestión en el servidor RADIUS y este, lógicamente ha de existir. Una vez autenticado con éxito el usuario, el router mira en el campo "OU" del certificado y consulta al servidor RADIUS por un usuario con ese nombre (el contenido en el campo OU del certificado del cliente) y con la password "cisco". Al igual que pasaba antes, el servidor RADIUS a la vez que responde con la validez de la autenticación, le devuelve al router todos los atributos contenidos por el usuario con nombre "contenido del campo OU" que son las características del grupo. Por lo tanto, en el caso de usar certificados, tenemos que crear un usuario que se llame como el campo OU del certificado de los clientes. O dicho en otras palabras, los clientes tienen que pertenecer al grupo que se nombra en el campo OU de su certificado.

Analizado ya su funcionamiento, vamos a pasar al contenido de los archivos de configuración.

**1.- Esta sería la configuración del router:**

En esta configuración de Easy VPN Server no veremos nada especial, excepto que no tiene configurados los grupos de usuarios.

Building configuration...

Current configuration : 5181 bytes
!
! Last configuration change at 12:00:32 UTC Wed Mar 18 2015 by guiller
!

```
version 12.4
service timestamps debug datetime msec
service timestamps log datetime msec
no service password-encryption
!
hostname Libro5
!
boot-start-marker
boot-end-marker
!
enable password ciscoenable
!
```
Activación de AAA y creación de las listas de autenticación, autorización y accounting.
```
aaa new-model
!
aaa authentication login default group radius local
aaa authorization exec default group radius local
aaa authorization network default group radius local
aaa accounting resource default start-stop group radius
!
aaa session-id common
ip cef
ip domain name casa
ip name-server 8.8.8.8
ip auth-proxy max-nodata-conns 3
ip admission max-nodata-conns 3
!
```
Trust point para adquirir un certificado para autenticar a usuarios que usan certificado.
```
crypto pki trustpoint cacastle
 enrollment url http://192.168.3.1:80
 serial-number
 ip-address none
 subject-name cn=pruebas dn=pruebas
 revocation-check crl
!
```
Mapa para activar el perfil ISAKMP que usan los usuarios que usan certificado
```
crypto pki certificate map concert 1
 issuer-name co cacastle
!
```

Certificados

crypto pki certificate chain cacastle

certificate 11

```
30820225 3082018E A0030201 02020111 300D0609 2A864886 F70D0101 04050030
13311130 0F060355 04031308 63616361 73746C65 301E170D 31353033 31363233
33323438 5A170D31 36303331 35323333 3234385A 304D311B 30190603 55040313
12707275 65626173 20646E3D 70727565 62617331 2E300F06 03550405 13083835
41314142 4233301B 06092A86 4886F70D 01090216 0E4C6962 726F352E 382E382E
382E3830 819F300D 06092A86 4886F70D 01010105 0003818D 00308189 02818100
EBAFB153 37526DB6 BCEF8640 19383B13 C117BF77 2AF90A83 3A1BC97B A0942567
13377E3C ADF981F1 3680BD67 82E32FD7 3A812168 D5F58673 78521DD6 7EC8F4D7
769D418D 32A89038 71784F54 BEEBFFF0 93187142 05FF6E2B 2BEBE025 4A6A2CE0
A52338E2 C5A81300 C235CEB8 20DAA50D 8CFB5ECD 398B0286 69254C5C 65B86C63
02030100 01A34F30 4D300B06 03551D0F 04040302 05A0301F 0603551D 23041830
16801424 E326C0D3 0C4E7101 C62EC103 CDDD4D88 BCEE7430 1D060355 1D0E0416
0414B171 7600CCF8 1D38E7A0 A4E01532 42F0DB5A 620F300D 06092A86 4886F70D
01010405 00038181 0099EBEC 6162A9F8 A8AF4642 580C69D6 5EFB4087 6A3599ED
2C87BE0C 070B2773 ADA215E5 8AB526A6 9C21BCB7 D855F58A 2E365B94 29589B22
A8B175CD 281A1036 09679078 120188DA 9FA70BA7 4C12C935 2D9FAFB9 171BB158
CD49E3B1 937D7999 6634D4F0 FC0CF7CF 131BE140 FD8DCBC3 6D4996F7 742C3871
C4AB20F0 0C4E185D F2
```

quit

certificate ca 01

```
308201FF 30820168 A0030201 02020101 300D0609 2A864886 F70D0101 04050030
13311130 0F060355 04031308 63616361 73746C65 301E170D 31343131 31313232
30353337 5A170D31 37313131 30323230 3533375A 30133111 300F0603 55040313
08636163 6173746C 6530819F 300D0609 2A864886 F70D0101 01050003 818D0030
81890281 8100B47F DEA4D0A6 8A4D634C 2E91EEF3 AC42E02A 78E2251D 5944C25B
5272DDE2 CFEF0F4E 3BB9862F 6E57E214 235CCFA7 032D47E9 0D7126BC CC3D1BF4
205EEFDC 459DCF5B 4792429D 306BDD7A FC5B0F30 01AF72A1 F700942B 59AF88AD
C22A4FE0 86910690 5B79DC8D 5D17BB22 874B2469 2131BD91 EABEBD5B
96BAC4A0
057043E7 3BE90203 010001A3 63306130 0F060355 1D130101 FF040530 030101FF
300E0603 551D0F01 01FF0404 03020186 301F0603 551D2304 18301680 1424E326
C0D30C4E 7101C62E C103CDDD 4D88BCEE 74301D06 03551D0E 04160414 24E326C0
D30C4E71 01C62EC1 03CDDD4D 88BCEE74 300D0609 2A864886 F70D0101 04050003
81810001 684E83E7 490F606D 3BB7BB14 102E87BE 82A41E17 48697057 822C15D9
1339B47D 104CF78E 45FE943F 7C74E927 960D7845 50CF4792 EE1F1AE7 49612DCC
D48A617D D364CC92 720A6C31 35A6E1DC 03261981 4CABC6B3 402B0785
052DB91A
```

```
338D7503   226D9516   BAB2AC64   AF6AB455   BA67AF16   487EE5C0   8862DA6D
C48DAF77 AF6F17
 Quit
```
Usuario local creado para loguearse en el router en el caso de que falle RADIUS.
```
username guiller privilege 15 password 0 cisco
!
```
Póliza para la fase 1 de ISAKMP/IKE para usuarios sin certificado.
```
crypto isakmp policy 1
 encr aes
 authentication pre-share
 group 2
!
```
Póliza para la fase 1 de ISAKMP/IKE para usuarios con certificado.
```
crypto isakmp policy 3
 encr aes
 hash md5
 group 2
crypto isakmp identity dn
```
Perfil para los usuarios sin certificado.
```
crypto isakmp profile easyvpn
  match identity group sincert
  client authentication list default
  isakmp authorization list default
  client configuration address respond
  keepalive 10 retry 5
```
Perfil para los usuarios con certificado.
```
crypto isakmp profile concert
  match certificate concert
  client authentication list default
  isakmp authorization list default
  client configuration address respond
  keepalive 10 retry 5
!
```
Politica para la fase 2 ISAKMP/IKE (transform set)
```
crypto ipsec transform-set easyvpn esp-aes esp-md5-hmac
 mode transport
!
```
Mapa dinámico. Primer registro para usuarios sin certificado y el Segundo para usuarios con él
```
crypto dynamic-map easyvpn 10
```

```
 set transform-set easyvpn
 set isakmp-profile easyvpn
crypto dynamic-map easyvpn 20
 set transform-set easyvpn
 set isakmp-profile concert
!
```
Mapa estático
```
crypto map easyvpn_stat 99 ipsec-isakp dynamic easyvpn
!
```
Interface creado para hacer pruebas de tráfico con el cliente.
```
interface Loopback400
 ip address 192.168.50.1 255.255.255.0
!
interface FastEthernet0/0
 ip address 192.168.3.4 255.255.255.0
 speed auto
 crypto map easyvpn_stat
```
Pool´s de IP´s para los clientes con certificado y para los clientes sin él
```
ip local pool sincert 192.168.99.1 192.168.99.10
ip local pool concert 192.168.100.1 192.168.100.10
ip forward-protocol nd
ip route 0.0.0.0 0.0.0.0 FastEthernet0/0
!
no ip http server
no ip http secure-server
!
```
Lista de acceso para hacer Split-tunneling hacia el interface loopback anteriormente creado.
```
access-list 101 permit ip 192.168.50.0 0.0.0.255 any
!
```
Configuración del servidor RADIUS
```
radius-server host 192.168.3.3 auth-port 1812 acct-port 1813 key pruebaradius
!
control-plane
!
line con 0
line aux 0
line vty 0 4
 password ciscoline
!
```

Adquirimos la hora desde un servidor de hora para poder funcionar con certificados sin tener problemas de caducidad de estos.

```
ntp clock-period 17208115
ntp server 46.17.142.10
ntp server 46.19.36.161
ntp server 81.184.154.182
ntp server 83.170.75.28
end
```

**2.- Esta sería la configuración del archivo users:**

```
#GRUPOS EzVPN

#Grupoo sincert (Grupo VPN)
sincert Cleartext-Password := cisco
    Cisco-avpair += "ipsec:addr-pool=sincert",
    Cisco-avpair += "ipsec:inacl=101",
    Cisco-avpair += "ipsec:dns-servers=80.58.61.250",
    Cisco-avpair += "ipsec:default-domain=casa",
    Cisco-avpair += "ipsec:include-local-lan=1",
    Cisco-avpair += "ipsec:save-password=1",
    Cisco-avpair += "ipsec:max-users=10",
    Cisco-avpair += "ipsec:max-logins=10",
    Cisco-avpair += "ipsec:banner=bienvenido",
    Cisco-avpair += "ipsec:split-dns=casa",
    Framed-Netmask = 255.255.255.0,
    Tunnel-Password = sincert

#Grupoo admin (Grupo VPN)
admin Cleartext-Password := cisco
    Cisco-avpair += "ipsec:addr-pool=concert",
    Cisco-avpair += "ipsec:inacl=101",
    Cisco-avpair += "ipsec:dns-servers=80.58.61.250",
    Cisco-avpair += "ipsec:default-domain=casa",
    Cisco-avpair += "ipsec:max-users=10",
    Cisco-avpair += "ipsec:max-logins=10",
    Cisco-avpair += "ipsec:banner=bienvenido cert",
    Cisco-avpair += "ipsec:split-dns=casa",
    Framed-Netmask = 255.255.255.0
```

```
#USUARIOS
#usuario user1
user1 Cleartext-Password := user1
    Cisco-avpair = "ipsec:user-vpn-group=sincert"

#usuario user2
user2 Cleartext-Password := user2
    Cisco-avpair = "ipsec:user-vpn-group=admin"
```

En este archivo pueden verse dos partes, en la primera he creado la configuración de los grupos de usuarios "sincer" y "admin" y en la segunda aparecen los usuarios "user1" y "user2". Como anotación, puede observarse que el usuario "user1" solo puede acceder al grupo "sincert" y el usuario "user2" solo puede acceder al grupo "admin". La calve del grupo "sincert" es "sincert", y los usuarios de su grupo pueden guardar la password de usuario y tener acceso a su LAN local. En cambio los usuarios de "Admin" no tienen esos privilegios. En este archivo hay mucha variedad de atributos RADIUS, así que los mostraré en una tabla con su descripción y además añadiré el resto de atributos usados durante el libro.

## *Parámetros de usuarios RADIUS*

| Parámetro | Entorno | Descripción |
|---|---|---|
| Cisco-AVPair = "shell:priv-lvl=[número]" | Exec | Da al usuario un determinado nivel de privilegios en la shell del router |
| Framed-IP-Address = [IP] | PPP/Configuración de usuarios IPsec | Especifica la IP que tendría un usuario o un equipo al conectarse a una red |
| Framed-IP-Netmask = [Máscara] | PPP/Configuración de usuarios IPsec | Especifica la máscara que tendría un usuario o un equipo al conectarse a una red |
| Cisco-AVPair = "ip:addr-pool=[pool_IP´s]" | PPP | Especifica de qué pool adquirirán los usuarios la IP al conectarse a una red |
| Cisco-avpair="webvpn:user-vpn-group=[policy_ group]" | WebVPN | Especifica la política de grupo a la que pertenecería un usuario al conectarse a un WebVPN |
| Tunnel-Password = [password] | Configuración de grupo IPsec | Indica la clave de autenticación de un |

| | | grupo IPsec |
|---|---|---|
| Cisco-avpair = "ipsec:addr-pool=[pool_ IP´s]" | Configuración de grupo IPsec | Especifica de qué pool adquirirán los usuarios la IP al conectarse al EzVPN |
| Cisco-avpair = "ipsec:dns-servers=[DNS]" | Configuración de grupo IPsec | Especifica los servidores DNS que usará el cliente cuando haga búsquedas en el dominio indicado en el Split-DNS |
| Cisco-avpair = "ipsec:default-domain=[nombre_dominio]" | Configuración de grupo IPsec | Especifica el dominio al que pertenecería el usuario que se conecte a este grupo |
| Cisco-avpair = "ipsec:split-dns=[nómbre_dominio]" | Configuración de grupo IPsec | Especifica para qué dominio el usuario usará los DNS´s definidos en la configuración de grupo |
| Cisco-avpair = "ipsec:inacl=[número_acl]" | Configuración de grupo IPsec | Especifica la access list que se usará para hacer el split-tunneling del cliente |
| Cisco-avpair = "ipsec:include-local-lan=1" | Configuración de grupo IPsec | Permite al usuario perteneciente a este grupo acceder a su red local |
| Cisco-avpair = "ipsec:save-password=1" | Configuración de grupo IPsec | Permite al usuario perteneciente a este grupo que recuerde a password |
| Cisco-avpair = "ipsec:max-users=[número]" | Configuración de grupo IPsec | Especifica el número máximo de usuarios que pueden pertenecer a un grupo |
| Cisco-avpair = "ipsec:max-logins=[número]" | Configuración de grupo IPsec | Especifica el número máximo de usuarios de un grupo que pueden estar conectados simultáneamente |
| Cisco-avpair = "ipsec:banner=[mensaje]" | Configuración de grupo IPsec | Especifica el mensaje de bienvenida que verán los usuarios de un grupo al conectarse al EzVPN server |
| Cisco-avpair = "ipsec:user-vpn-group=[grupo]" | Configuración de usuario IPsec | Especifica a qué grupo podrá conectarse un usuario |

Para asignar valores al parámetro Cisco-avpair podemos utilizar dos operadores: "=" que asigna un valor sobrescribiendo cualquier posible valor que tuviera el parámetro o

"+=", que asigna un valor al parámetro añadiéndolo a cualquier posible valor que ya tuviera el parámetro previamente. Es por eso que en los ejemplos de práctica, cuando uso el mismo parámetro varias veces en la definición de un mismo usuario, utilizo el operador += para ir añadiéndole valores requeridos sin perder los que le había asignado antes.

## *Debugging de FreeRADIUS*

FreeRADIUS consta de una serie de módulos que se encargan de identificar y realizar los distintos tipos de autenticación, es decir, hay un módulo encargado de identificar cuando se necesita utilizar autenticación PAP, cuando CHAP, etc.... Cuando el servidor RADIUS recibe una request de autenticación de un cliente, cada módulo que lo forma trata de identificar algo en esa request para saber qué tipo de autenticación se necesita usar.  Cuando un módulo identifica algo en esa request que le indica que podría atenderla él, marca en una variable "tipo de autenticación" el tipo de autenticación que necesita esa request. Al terminar el paso de la request por todos los módulos, el servidor comprueba en esa variable "tipo de autenticación" que autenticación ha de usarse. Si el valor de la variable resulta ser resulta ser "PAP", el servidor encarga ese proceso al módulo PAP. Si por lo contrario ningún modulo ha identificado nada en la request, y por lo tanto la variable "tipo de autenticación" está vacía, la autenticación fallará. Después de identificar qué tipo de autenticación se necesita, el servidor busca en su base de datos un registro de usuario válido para realizar la autenticación comparándolo con el recibido en la request. Las claves de usuario pueden estar almacenadas tanto en el archivo *users* como en una base de datos SQL, dependiendo del tipo de autenticación, existen algunas restricciones relativas al formato en el que están almacenadas. Texto plano es el formato mayormente permitido.

El servidor FreeRADIUS puede arrancarse en modo debug, con esto conseguimos ver su arranque y además observar las peticiones de autenticación y las respuestas del servidor. Para arrancarle en  modo debug usaremos el comando *freeradius –X*. En el siguiente ejemplo vemos como arranca y recibe una petición de autenticación para loguearse a la shell de un router.

root@ccastlepbx:/etc/freeradius# *freeradius -X*
FreeRADIUS Version 2.1.12, for host arm-unknown-linux-gnueabihf, built on Dec 19
2012 at 11:55:13
Copyright (C) 1999-2009 The FreeRADIUS server project and contributors.
There is NO warranty; not even for MERCHANTABILITY or FITNESS FOR A
PARTICULAR PURPOSE.

You may redistribute copies of FreeRADIUS under the terms of the
GNU General Public License v2.
Starting - reading configuration files ...
including configuration file /etc/freeradius/radiusd.conf
including configuration file /etc/freeradius/proxy.conf
including configuration file /etc/freeradius/clients.conf
including files in directory /etc/freeradius/modules/
including configuration file /etc/freeradius/modules/wimax
including configuration file /etc/freeradius/modules/radutmp
including configuration file /etc/freeradius/modules/otp
including configuration file /etc/freeradius/modules/mschap
including configuration file /etc/freeradius/modules/ldap
including configuration file /etc/freeradius/modules/checkval
including configuration file /etc/freeradius/modules/echo
including configuration file /etc/freeradius/modules/smbpasswd
including configuration file /etc/freeradius/modules/smsotp
including configuration file /etc/freeradius/modules/attr_rewrite
including configuration file /etc/freeradius/modules/exec
including configuration file /etc/freeradius/modules/cui
including configuration file /etc/freeradius/modules/detail
including configuration file /etc/freeradius/modules/always
including configuration file /etc/freeradius/modules/mac2ip
including configuration file /etc/freeradius/modules/passwd
including configuration file /etc/freeradius/modules/sql_log
including configuration file /etc/freeradius/modules/rediswho
including configuration file /etc/freeradius/modules/digest
including configuration file /etc/freeradius/modules/files
including configuration file /etc/freeradius/modules/mschap.old
including configuration file /etc/freeradius/modules/ippool
including configuration file /etc/freeradius/modules/opendirectory
including configuration file /etc/freeradius/modules/counter
including configuration file /etc/freeradius/modules/etc_group
including configuration file /etc/freeradius/modules/dynamic_clients
including configuration file /etc/freeradius/modules/pap
including configuration file /etc/freeradius/modules/perl
including configuration file /etc/freeradius/modules/replicate
including configuration file /etc/freeradius/modules/redis
including configuration file /etc/freeradius/modules/detail.log
including configuration file /etc/freeradius/modules/chap
including configuration file /etc/freeradius/modules/expr

```
including configuration file /etc/freeradius/modules/pam
including configuration file /etc/freeradius/modules/realm
including configuration file /etc/freeradius/modules/acct_unique
including configuration file /etc/freeradius/modules/unix
including configuration file /etc/freeradius/modules/sradutmp
including configuration file /etc/freeradius/modules/inner-eap
including configuration file /etc/freeradius/modules/sqlcounter_expire_on_login
including configuration file /etc/freeradius/modules/preprocess
including configuration file /etc/freeradius/modules/detail.example.com
including configuration file /etc/freeradius/modules/soh
including configuration file /etc/freeradius/modules/logintime
including configuration file /etc/freeradius/modules/expiration
including configuration file /etc/freeradius/modules/mac2vlan
including configuration file /etc/freeradius/modules/linelog
including configuration file /etc/freeradius/modules/mschap.save
including configuration file /etc/freeradius/modules/krb5
including configuration file /etc/freeradius/modules/policy
including configuration file /etc/freeradius/modules/attr_filter
including configuration file /etc/freeradius/modules/ntlm_auth
including configuration file /etc/freeradius/eap.conf
including configuration file /etc/freeradius/policy.conf
including files in directory /etc/freeradius/sites-enabled/
including configuration file /etc/freeradius/sites-enabled/default
including configuration file /etc/freeradius/sites-enabled/inner-tunnel
main {
    user = "freerad"
    group = "freerad"
    allow_core_dumps = no
}
including dictionary file /etc/freeradius/dictionary
main {
    name = "freeradius"
    prefix = "/usr"
    localstatedir = "/var"
    sbindir = "/usr/sbin"
    logdir = "/var/log/freeradius"
    run_dir = "/var/run/freeradius"
    libdir = "/usr/lib/freeradius"
    radacctdir = "/var/log/freeradius/radacct"
    hostname_lookups = no
```

```
        max_request_time = 30
        cleanup_delay = 5
        max_requests = 1024
        pidfile = "/var/run/freeradius/freeradius.pid"
        checkrad = "/usr/sbin/checkrad"
        debug_level = 0
        proxy_requests = yes
   log {
        stripped_names = no
        auth = no
        auth_badpass = no
        auth_goodpass = no
   }
   security {
        max_attributes = 200
        reject_delay = 1
        status_server = yes
   }
}
radiusd: #### Loading Realms and Home Servers ####
proxy server {
        retry_delay = 5
        retry_count = 3
        default_fallback = no
        dead_time = 120
        wake_all_if_all_dead = no
}
home_server localhost {
        ipaddr = 127.0.0.1
        port = 1812
        type = "auth"
        secret = "testing123"
        response_window = 20
        max_outstanding = 65536
        require_message_authenticator = yes
        zombie_period = 40
        status_check = "status-server"
        ping_interval = 30
        check_interval = 30
        num_answers_to_alive = 3
```

```
        num_pings_to_alive = 3
        revive_interval = 120
        status_check_timeout = 4
    coa {
        irt = 2
        mrt = 16
        mrc = 5
        mrd = 30
    }
}
home_server_pool my_auth_failover {
        type = fail-over
        home_server = localhost
}
realm example.com {
        auth_pool = my_auth_failover
}
realm LOCAL {
}
radiusd: #### Loading Clients ####
client localhost {
        ipaddr = 127.0.0.1
        require_message_authenticator = no
        secret = "testing123"
        nastype = "other"
}
Aquí carga mi router como cliente
client 192.168.3.4 {
        require_message_authenticator = no
        secret = "pruebaradius"
        shortname = "Pruebas"
        nastype = "cisco"
}
radiusd: #### Instantiating modules ####
instantiate {
Module: Linked to module rlm_exec
Module: Instantiating module "exec" from file /etc/freeradius/modules/exec
    exec {
        wait = no
        input_pairs = "request"
```

```
    shell_escape = yes
 }
 Module: Linked to module rlm_expr
 Module: Instantiating module "expr" from file /etc/freeradius/modules/expr
 Module: Linked to module rlm_expiration
 Module:      Instantiating      module      "expiration"      from      file
/etc/freeradius/modules/expiration
  expiration {
     reply-message = "Password Has Expired  "
 }
 Module: Linked to module rlm_logintime
 Module: Instantiating module "logintime" from file /etc/freeradius/modules/logintime
  logintime {
     reply-message = "You are calling outside your allowed timespan  "
     minimum-timeout = 60
 }
 }
radiusd: #### Loading Virtual Servers ####
server { # from file /etc/freeradius/radiusd.conf
 modules {
  Module: Creating Auth-Type = digest
  Module: Creating Post-Auth-Type = REJECT
  Module: Checking authenticate {...} for more modules to load
  Module: Linked to module rlm_pap
  Module: Instantiating module "pap" from file /etc/freeradius/modules/pap
  pap {
     encryption_scheme = "auto"
     auto_header = no
 }
 Module: Linked to module rlm_chap
 Module: Instantiating module "chap" from file /etc/freeradius/modules/chap
 Module: Linked to module rlm_mschap
 Module: Instantiating module "mschap" from file /etc/freeradius/modules/mschap
  mschap {
     use_mppe = yes
     require_encryption = no
     require_strong = no
     with_ntdomain_hack = no
     allow_retry = yes
 }
```

Module: Linked to module rlm_digest
Module: Instantiating module "digest" from file /etc/freeradius/modules/digest
Module: Linked to module rlm_unix
Module: Instantiating module "unix" from file /etc/freeradius/modules/unix
unix {
    radwtmp = "/var/log/freeradius/radwtmp"
}
Module: Linked to module rlm_eap
Module: Instantiating module "eap" from file /etc/freeradius/eap.conf
eap {
    default_eap_type = "md5"
    timer_expire = 60
    ignore_unknown_eap_types = no
    cisco_accounting_username_bug = no
    max_sessions = 4096
}
Module: Linked to sub-module rlm_eap_md5
Module: Instantiating eap-md5
Module: Linked to sub-module rlm_eap_leap
Module: Instantiating eap-leap
Module: Linked to sub-module rlm_eap_gtc
Module: Instantiating eap-gtc
 gtc {
    challenge = "Password: "
    auth_type = "PAP"
 }
Module: Linked to sub-module rlm_eap_tls
Module: Instantiating eap-tls
 tls {
    rsa_key_exchange = no
    dh_key_exchange = yes
    rsa_key_length = 512
    dh_key_length = 512
    verify_depth = 0
    CA_path = "/etc/freeradius/certs"
    pem_file_type = yes
    private_key_file = "/etc/freeradius/certs/server.key"
    certificate_file = "/etc/freeradius/certs/server.pem"
    CA_file = "/etc/freeradius/certs/ca.pem"
    private_key_password = "whatever"

```
  dh_file = "/etc/freeradius/certs/dh"
  random_file = "/dev/urandom"
  fragment_size = 1024
  include_length = yes
  check_crl = no
  cipher_list = "DEFAULT"
  make_cert_command = "/etc/freeradius/certs/bootstrap"
  ecdh_curve = "prime256v1"
cache {
  enable = no
  lifetime = 24
  max_entries = 255
}
verify {
}
ocsp {
  enable = no
  override_cert_url = yes
  url = "http://127.0.0.1/ocsp/"
}
}
Module: Linked to sub-module rlm_eap_ttls
Module: Instantiating eap-ttls
ttls {
  default_eap_type = "md5"
  copy_request_to_tunnel = no
  use_tunneled_reply = no
  virtual_server = "inner-tunnel"
  include_length = yes
}
Module: Linked to sub-module rlm_eap_peap
Module: Instantiating eap-peap
peap {
  default_eap_type = "mschapv2"
  copy_request_to_tunnel = no
  use_tunneled_reply = no
  proxy_tunneled_request_as_eap = yes
  virtual_server = "inner-tunnel"
  soh = no
}
```

Module: Linked to sub-module rlm_eap_mschapv2
Module: Instantiating eap-mschapv2
 mschapv2 {
    with_ntdomain_hack = no
    send_error = no
 }
Module: Checking authorize {...} for more modules to load
Module: Linked to module rlm_preprocess
Module: Instantiating module "preprocess" from file /etc/freeradius/modules/preprocess
 preprocess {
    huntgroups = "/etc/freeradius/huntgroups"
    hints = "/etc/freeradius/hints"
    with_ascend_hack = no
    ascend_channels_per_line = 23
    with_ntdomain_hack = no
    with_specialix_jetstream_hack = no
    with_cisco_vsa_hack = no
    with_alvarion_vsa_hack = no
 }
Module: Linked to module rlm_realm
Module: Instantiating module "suffix" from file /etc/freeradius/modules/realm
 realm suffix {
    format = "suffix"
    delimiter = "@"
    ignore_default = no
    ignore_null = no
 }
Module: Linked to module rlm_files
Module: Instantiating module "files" from file /etc/freeradius/modules/files
 files {
    usersfile = "/etc/freeradius/users"
    acctusersfile = "/etc/freeradius/acct_users"
    preproxy_usersfile = "/etc/freeradius/preproxy_users"
    compat = "no"
 }
Module: Checking preacct {...} for more modules to load
Module: Linked to module rlm_acct_unique
Module: Instantiating module "acct_unique" from file /etc/freeradius/modules/acct_unique

```
acct_unique {
    key = "User-Name, Acct-Session-Id, NAS-IP-Address, Client-IP-Address, NAS-Port"
}
Module: Checking accounting {...} for more modules to load
Module: Linked to module rlm_detail
Module: Instantiating module "detail" from file /etc/freeradius/modules/detail
detail {
    detailfile  =  "/var/log/freeradius/radacct/%{%{Packet-Src-IP-Address}:-%{Packet-
Src-IPv6-Address}}/detail-%Y%m%d"
    header = "%t"
    detailperm = 384
    dirperm = 493
    locking = no
    log_packet_header = no
}
Module: Linked to module rlm_radutmp
Module: Instantiating module "radutmp" from file /etc/freeradius/modules/radutmp
radutmp {
    filename = "/var/log/freeradius/radutmp"
    username = "%{User-Name}"
    case_sensitive = yes
    check_with_nas = yes
    perm = 384
    callerid = yes
}
Module: Linked to module rlm_attr_filter
Module:  Instantiating  module  "attr_filter.accounting_response"  from  file
/etc/freeradius/modules/attr_filter
attr_filter attr_filter.accounting_response {
    attrsfile = "/etc/freeradius/attrs.accounting_response"
    key = "%{User-Name}"
    relaxed = no
}
Module: Checking session {...} for more modules to load
Module: Checking post-proxy {...} for more modules to load
Module: Checking post-auth {...} for more modules to load
Module:  Instantiating  module  "attr_filter.access_reject"  from  file
/etc/freeradius/modules/attr_filter
attr_filter attr_filter.access_reject {
    attrsfile = "/etc/freeradius/attrs.access_reject"
```

```
    key = "%{User-Name}"
    relaxed = no
 }
} # modules
} # server
server inner-tunnel { # from file /etc/freeradius/sites-enabled/inner-tunnel
 modules {
 Module: Checking authenticate {...} for more modules to load
 Module: Checking authorize {...} for more modules to load
 Module: Checking session {...} for more modules to load
 Module: Checking post-proxy {...} for more modules to load
 Module: Checking post-auth {...} for more modules to load
 } # modules
} # server
radiusd: #### Opening IP addresses and Ports ####
listen {
    type = "auth"
    ipaddr = 192.168.3.3
    port = 0
}
listen {
    type = "acct"
    ipaddr = *
    port = 0
}
listen {
    type = "auth"
    ipaddr = 127.0.0.1
    port = 18120
}
```

Listo para escuchar peticiones de autenticación por el puerto 1812 y registros de accounting por el puerto 1813

```
 ... adding new socket proxy address * port 37291
Listening on authentication address 192.168.3.3 port 1812
Listening on accounting address * port 1813
Listening on authentication address 127.0.0.1 port 18120 as server inner-tunnel
Listening on proxy address 192.168.3.3 port 1814
Ready to process requests.
```

Recibe la petición de autenticación desde el router

rad_recv: Access-Request packet from host 192.168.3.4 port 1645, id=2, length=84
    User-Name = "pruebas"
    User-Password = "ciscopruebas"
    NAS-Port = 6
    NAS-Port-Id = "tty6"
    NAS-Port-Type = Virtual
    Calling-Station-Id = "192.168.3.7"
    NAS-IP-Address = 192.168.3.4
# Executing section authorize from file /etc/freeradius/sites-enabled/default
+- entering group authorize {...}
++[preprocess] returns ok
++[chap] returns noop
++[mschap] returns noop
++[digest] returns noop
[suffix] No '@' in User-Name = "pruebas", looking up realm NULL
[suffix] No such realm "NULL"
++[suffix] returns noop
[eap] No EAP-Message, not doing EAP
++[eap] returns noop
[files] users: Matched entry pruebas at line 14
++[files] returns ok
++[expiration] returns noop
++[logintime] returns noop
++[pap] returns updated

Finalmente se decide que se autenticara usando PAP

Found Auth-Type = PAP
# Executing group from file /etc/freeradius/sites-enabled/default
+- entering group PAP {...}

Compara las password satisfactoriamente

[pap] login attempt with password "ciscopruebas"
[pap] Using clear text password "ciscopruebas"
[pap] User authenticated successfully
++[pap] returns ok
# Executing section post-auth from file /etc/freeradius/sites-enabled/default
+- entering group post-auth {...}
++[exec] returns noop

Responde al router diciéndole que permita loguearse a ese usuario y además le indica que es un usuario de nivel de privilegio 3

Sending Access-Accept of id 2 to 192.168.3.4 port 1645

```
    Cisco-AVPair = "shell:priv-lvl=3"
Finished request 0.
Going to the next request
Waking up in 4.9 seconds.
Cleaning up request 0 ID 2 with timestamp +19
Ready to process requests.
```

# FIN

FDO: Guillermo Marqués